AF342934

OBSERVATIONS

SUR LE PROJET DE LOI

D'EXPROPRIATION DES CHEMINS DE FER

PAR

GODIN

AVOCAT A LA COUR D'APPEL DE PARIS.

Les conventions sont le libre accord des volontés ; les violer, c'est attenter à-la-fois à la liberté de l'homme et à l'ordre social.

La propriété est le produit du travail qui crée, et de l'ordre qui conserve ; attaquer la propriété, c'est attaquer le travail et troubler l'ordre.

Le crédit public naît de la confiance des particuliers ; détruire cette confiance, c'est détruire le crédit.

PARIS

IMPRIMERIE BONAVENTURE ET DUCESSOIS,
55, quai des Grands-Augustins.

1848

OBSERVATIONS

SUR LE PROJET DE LOI

D'EXPROPRIATION DES CHEMINS DE FER

Le projet de loi soumis à l'Assemblée nationale sur *l'expropriation des Chemins de fer* ne met pas seulement en question de nombreux et importants intérêts privés ; il attaque à la fois le principe de la propriété et le respect des traités, et par suite les bases du crédit public. Il doit donc appeler au plus haut degré l'attention de l'Assemblée et celle de l'opinion publique.

On va examiner :

1° Si l'Etat a le droit *actuel* d'exproprier les sociétés de Chemins de fer ;

2° Si, à défaut de *droit*, le gouvernement peut invoquer une *nécessité* qui le contraigne à opérer cette expropriation ;

3° Quelles seraient, au cas d'expropriation, comme au cas de cession volontaire, les bases d'une juste et loyale indemnité ;

4° Enfin, quelle garantie les cessionnaires devraient obtenir pour le paiement du prix.

§ I.

L'État a-t-il le droit actuel d'exproprier les Sociétés de chemins de fer pour cause d'utilité publique?

> La justice est la première utilité publique.

La propriété est le résultat du travail qui crée et de l'ordre qui conserve ; attaquer la propriété, c'est attaquer le travail et troubler l'ordre.

Comme être sociable, l'homme travaille dans l'intérêt général ; mais dans l'état imparfait de l'humanité, cet intérêt exige que la société assure à chacun la jouissance privilégiée, et, dans certaines limites, la transmission de la richesse qu'il crée. L'intérêt particulier est encore, et pour longtemps peut-être, le plus puissant stimulant de l'activité individuelle, la cause la plus efficace du développement du bien-être public ; c'est dans ce but que tous les droits particuliers sont garantis sous le nom de *propriété*.

Cependant, si, en fait, l'intérêt général exige qu'un droit particulier soit réuni au domaine public, il y a lieu à *expropriation*. C'est là un droit inhérent à la souveraineté, un droit qui est au fond de toute constitution sociale, sous toutes les formes de gouvernement.

Mais, d'une part, ce n'est que par exception, et l'importance de l'utilité doit être constatée par la plus haute autorité administrative; d'autre part, le propriétaire dépossédé doit recevoir immédiatement une juste indemnité, c'est-à-dire une valeur égale à celle qui lui est enlevée.

Dans ces termes généraux, et moyennant l'application de ces garanties, M. le Ministre a pu dire que le droit d'expropriation n'est *contesté par personne*. Constatons donc d'abord que s'il y avait lieu à expropriation, il faudrait suivre les lois existantes : déclaration d'utilité publique, juste et préalable indemnité estimée par un jury indépendant; ce sont là des formes *substantielles*, c'est-à-dire qui touchent au fond même du droit.

Mais, appliquée aux concessions de Chemins de fer, l'assertion de M. le Ministre est fort inexacte. On ne conteste pas le principe, mais on en conteste l'applicabilité.

« Les lois qui ont aliéné les Chemins de fer, dit l'exposé
« des motifs, stipulent le droit souverain de l'Etat. »

Oui, mais *après quinze années* d'exploitation, c'est-à-dire à un terme qui n'est pas expiré; oui, mais sous certaines *conditions* de rachat qui ne sont pas accomplies, et moyennant un prix qu'il serait actuellement impossible de fixer exactement.

« En les récupérant aujourd'hui, continue l'exposé, on
« ne fera *qu'une anticipation*; voilà tout. »

Mais ce tout est entièrement de trop, car il est sans droit. *Qui a terme ne doit qu'au terme*. Lorsqu'on a suspendu pour un temps l'exercice d'un droit, on ne peut plus l'exercer avant l'expiration du terme ; lorsqu'on a fixé des conditions de rachat, on ne peut les rejeter et les remplacer par le cours de la Bourse, ni par tout autre expédient. Nous ne discuterions pas sur des choses aussi simples, si nous n'avions à répondre à un document officiel émané des premiers pouvoirs de l'Etat.

On n'examine point ici si une nation peut, pour des causes spéciales et dans des circonstances particulières, renoncer au droit d'expropriation d'une manière perpétuelle et absolue à l'égard de certaines choses, en les laissant d'ailleurs soumises aux lois ordinaires de la propriété privée.

Mais une nation peut-elle, dans certains cas, suspendre pour un temps ou limiter l'exercice de son droit, le soumettre à certaines formes et conditions spéciales ?

Les conventions faites dans ce but, soit avec ses membres, soit même avec des étrangers, sont-elles obligatoires pour tous les Gouvernements qui se succèdent, quelles qu'en soient la nature et la forme ? Telle est la question qui s'agite.

Dans les principes du droit des gens, chaque Etat est, en général, indépendant à l'égard des autres ; c'est cette indépendance respective qui constitue les souverainetés nationales. Et cependant, lorsqu'une nation s'est obligée par des conventions internationales, dès qu'usant de sa liberté elle en a elle-même modifié l'usage et la limite, elle est, sans contredit, tenue de garder sa parole et d'exécuter les traités librement consentis.

Il en est de même en droit public. Il a aussi ses principes

généraux ; mais lorsqu'un Etat y a dérogé par des conventions particulières, elles doivent recevoir leur exécution.

Les conventions sont le fait social éminent ; car elles sont
l'accord des volontés, et par conséquent le fondement des
rapports et de l'existence de l'homme. Elles ont pour cause
la liberté. *Violer les conventions, c'est donc attenter à la
fois à la liberté de l'homme et à l'ordre social.*

L'expropriation, selon les règles ordinaires du droit, est
juste, puisque chacun n'acquiert en général de droits que
sous cette condition implicite.

Mais lorsqu'au contraire, en traitant librement avec l'Etat,
on n'a consenti à acquérir et à payer une chose que sous la
condition que l'exercice du droit d'expropriation demeure-
rait suspendu jusqu'à un terme fixé, qu'il n'aurait lieu que
dans certaine forme et moyennant un certain prix, il est évident que la nation ne peut plus exproprier selon les règles
ordinaires.

Assimiler les deux cas, c'est assimiler le pour et le contre,
le blanc et le noir.

Comment ! il y a trois ans que, dans des contrats solennels,
on répétait encore aux derniers concessionnaires ce qu'on
avait dit aux précédents : Je vous garantis que je ne vous
exproprierai pas avant que vous n'ayez exploité pendant quinze
ans (et encore ne le ferais-je qu'à telles conditions); et on
pourrait soutenir aujourd'hui que l'expropriation immédiate
est l'exercice du droit qu'on s'est réservé ! Cela ne serait pas
tolérable. Quand on croit nécessaire de faire de l'arbitraire,
qu'on le croit d'intérêt public, il faut avoir le courage de le
dire, mais ne pas revêtir l'*arbitraire* de la couleur du *droit*.
On peut dire, d'ailleurs, que si M. le ministre eût été aussi cer-

tain du *droit* qu'il le paraît, Il eût dû croire inutile d'invoquer la *nécessité*.

« Toutes les institutions politiques, civiles, économiques
« et financières qui régissent un État, doivent, dit l'exposé,
« découler d'un principe commun. »

D'accord. Mais quel est précisément ce principe commun qui doit être la substance de la société humaine sous toutes ses formes? C'est la justice, c'est le respect des traités qui en est la conséquence la plus immédiate.

« L'expropriation, dit-on, n'est que la consécration du
« droit de propriété. »

Sans doute on n'exproprie qu'un propriétaire, comme on ne tue qu'un homme vivant. Lorsqu'on donne actuellement et réellement en échange une juste indemnité, on peut dire que l'expropriation n'est qu'une *transformation de valeurs*, mais ce ne peut jamais être la *consécration du droit* sur la chose dont on enlève la possession. La question ici, d'ailleurs, n'est pas de définir l'expropriation, mais de savoir si on a le droit de l'opérer, et nous venons de voir que la négative ne peut être douteuse.

Invoquer l'obligation de sacrifier les intérêts privés à l'intérêt public, est un thème large, et on peut sans doute dire de fort belles choses à ce sujet. Mais il faut cependant tout subordonner à la vérité.

Sans doute, l'intérêt privé est ici, comme partout, en

contact avec l'intérêt public: cela tient à la nature même des choses. Mais qu'on nous permette ici quelques réflexions. C'est le besoin de l'époque de rappeler les choses les plus simples, de remonter aux notions élémentaires que le grand mouvement des esprits fait souvent perdre de vue. Des observations sérieuses seraient d'autant plus utiles que les chemins de fer, cette grande création d'intérêt public et d'avenir, ont soulevé contre eux certaines classes d'intérêts privés actuels qui ont besoin d'être éclairés en même temps qu'aidés. Cette double mission appartient principalement au gouvernement. Il est grandement à désirer qu'il prenne l'initiative à ce sujet. Des discours et des écrits tendant à ramener à l'ordre des esprits égarés seraient plus utiles que les attaques contre ce qu'on affecte de nommer les *grandes compagnies financières*, qui, après tout, sont bien plutôt des *sociétés de très-petits capitalistes*, et qui, d'ailleurs, malgré ce qu'on a pu reprocher à quelques-uns de leurs chefs, ont, dans la circonstance, rempli un but d'utilité générale.

Il faut d'abord bien distinguer deux choses trop souvent confondues: *les droits* et *les intérêts*. Le droit, c'est l'intérêt certain, réalisé; l'intérêt, c'est le désir, l'expectative d'un droit à acquérir. La loi ne garantit pas les intérêts, mais elle garantit les droits, parce qu'ils sont le produit des efforts de l'homme, d'un *travail effectué*.

En exerçant son droit, on nuit souvent aux intérêts d'autrui: cela est vrai de l'action publique comme de l'action individuelle. C'est ainsi que les nations européennes (car la France n'est pas la seule ni même la première sous ce rapport) ont dû naturellement, pour créer cette source de richesse publique, froisser beaucoup d'intérêts particuliers.

Ceux qui exerçaient certaines professions sur les lignes

de Chemins de fer ont dû particulièrement souffrir ; mais la nation ne s'était pas obligée envers eux à maintenir un état de choses qui favorisait leurs intérêts. Elle ne s'était pas interdit d'établir de nouvelles voies de communications dans l'intérêt général ; elle n'a donc pas violé leurs droits particuliers. Il n'y a eu à leur égard rien d'injuste, il n'y a que l'accomplissement de la loi sociale qui exige qu'un plus grand bienfait soit préféré à un plus petit, plusieurs à un seul, tous à quelques-uns ; et aussi que, dans une certaine limite, les générations présentes s'imposent quelques souffrances, pour préparer à celles à venir un plus grand bien-être.

Quant aux actionnaires, c'est tout autre chose ; il ne s'agit pas seulement de leurs intérêts, mais de leurs droits. En échange de leurs capitaux, la nation leur a concédé, pour un certain temps, la jouissance limitée des travaux si importants qu'ils exécutaient. En retour des chances défavorables qu'ils acceptaient, elle leur a garanti l'éventualité du développement des produits pendant quinze années au moins, à compter de la mise en exploitation ; elle a réglé à l'avance les conditions et la forme du rachat qu'elle se réservait d'exercer à l'expiration de ce terme. Encore une fois, il s'agit là de droits acquis garantis par une convention synallagmatique solennellement formée par l'intervention des plus hauts pouvoirs de l'État. Il s'agit de droits reposant sur des capitaux appelés, sollicités par la nation, et réellement fournis tant par des Français que par des étrangers ; il s'agit de droits d'autant plus sacrés que l'État profite déjà en partie et doit largement profiter à l'avenir de l'emploi de ces capitaux.

Voilà pour la distinction des droits et des intérêts.

Et quant à la distinction des intérêts, ce n'est pas ici une question isolée d'intérêts privés; c'est principalement une question de justice et de dignité nationale, c'est aussi une question vitale de *crédit public*. De quoi se compose, en effet, le crédit public, sinon de la confiance des particuliers? où le trésor public peut-il s'alimenter, sinon en tirant les capitaux des particuliers? et si l'Etat viole les droits des particuliers, comment obtiendra-t-il leur confiance et leurs capitaux? Que tous les droits privés soient imposés dans les limites et les proportions nécessaires pour pourvoir aux charges actuelles, et préparer l'amélioration de l'avenir; mais qu'on n'enlève pas à certains droits leurs garanties, que le respect des conventions, que la justice soit assurée à tous : voilà le fondement de l'ordre et du véritable progrès social, l'immense et réel intérêt général qu'il ne faut pas cacher sous l'apparence de ce qu'on nommerait à tort de misérables intérêts privés.

L'intérêt privé n'est pas, d'ailleurs, par sa nature, opposé à l'intérêt public. Ils doivent marcher de concert, s'alimenter et se développer l'un l'autre. Le problème social n'est pas de savoir sacrifier l'un à l'autre, mais d'en régler et diriger l'action, de telle sorte que chacun, en travaillant pour son plus grand intérêt, travaille par cela même pour le plus grand bien-être possible de tous ou du plus grand nombre. — La société et la nature (ou les rapports des êtres et des choses) ont le même fondateur : dans l'une comme dans l'autre, tout est lié et doit concourir au même but. Si la mer fournit à l'atmosphère l'eau qui arrose et fertilise les continents, à leur tour les ruisseaux, rivières et fleuves se forment les uns des autres, et leur action commune alimente la mer, qui, sans eux, se dessècherait. C'est ainsi que la grande, la moyenne et la petite propriété, les plus minimes comme les plus grands intérêts privés, se lient entre eux; et tous ensemble forment, entretiennent et développent la richesse générale.

Il ne faut rien exagérer, pas même le principe social. Si les individus ne reçoivent la vie que de la société, la société, n'étant que le rapport des êtres, ne saurait non plus subsister sans les individus. Les séparer de la société ou les absorber en elle, serait également la détruire, et le panthéisme social est, aussi bien que l'individualisme, une aberration de l'esprit humain. Les individus doivent donc être protégés dans leurs droits particuliers pour que l'ordre social subsiste, et c'est cette protection, ou le maintien des rapports naturels de la société avec ses membres et de ceux-ci entre eux, qu'on nomme *la justice*.

L'intérêt public ne prévaut donc pas contre la justice, ou plutôt, la justice n'est que le suprême intérêt public, auquel tous les autres doivent être subordonnés. De la justice découle le respect des conventions, et la liberté elle-même dont elles sont la manifestation.

Puisque l'État n'a pas le *droit* d'exproprier, voyons s'il est, comme on le prétend, dans la *nécessité* de le faire.

§ II.

*N'a-t-il nécessité actuelle à ce que l'État s'empare
des chemins de fer?*

*La nécessité empêche l'être moral,
elle ne le contraint pas.*

Nous avons vu que l'Etat *est obligé* conventionnellement
à suspendre l'exercice du droit d'expropriation, jusqu'à un
terme qui n'est pas expiré.

Voyons maintenant s'il existe une *nécessité* qui le *contraigne à faire* ce qu'il est *obligé à ne pas faire.*

On écarte, d'abord, la question de *déchéance;* lorsque
les délais fixés pour l'exécution des travaux et pour la mise
en exploitation sont expirés, que les concessionnaires en
demeure n'ont pas rempli leurs obligations et ne peuvent le
faire, que l'Etat exerce les droits qu'il s'est réservé, rien
de plus simple; sauf, toutefois, à examiner alors si la force
majeure qui a empêché la nation de payer ses propres créanciers ne doit pas, dans une certaine mesure, être pour les
entrepreneurs une cause légitime d'excuse.

On n'examine pas non plus la position particulière de
quelques sociétés à l'égard de leurs créanciers, ni jusqu'à
quel point le Gouvernement pourrait invoquer, pour agir
contre elles, des circonstances dont il est lui-même en partie
la cause.

On traite ici la question d'une manière générale, et dès

lors on n'entre pas dans la position spéciale de chaque société.

Qu'est-ce qu'on nomme la *nécessité?* C'est la force majeure
qui *empêche* un être libre d'agir selon sa volonté. Mais jamais la nécessité ne *contraint* un être moral et libre *à agir*
contre la justice. Par exemple, lorsqu'un gouvernement dit
à ses créanciers : « Je ne puis vous payer maintenant, parce
que je n'en ai pas les moyens, » *il subit* la nécessité, mais *il
n'agit pas.* Il ne commet donc pas d'injustice, quoiqu'il
puisse être en faute pour n'avoir pas pris ou pour avoir mal
pris ses mesures.

Mais l'expropriation est, par sa nature, un fait actif; et
lorsque l'Etat s'empare de la possession d'une chose matérielle, lorsqu'il reprend un droit dont il a concédé et garanti
la jouissance par une convention, *il ne subit pas la nécessité, il agit librement;* il commet une iniquité d'autant plus
reprochable qu'il est plus puissant contre ses co-contractants,
et que ceux-ci ne peuvent lui opposer de résistance efficace.
Arrière (et bien loin) la doctrine déplorable que l'autorité
publique, que les nations ne sont pas liées par leur parole!
La société ne repose que sur la justice, et les directeurs
chargés de l'enseigner et de l'exiger sont tenus avant tout
de la pratiquer; l'exemple est le plus puissant moyen d'en-
seignement et le premier titre à l'obéissance. — Les nations,
comme les individus, ne jouiront d'une vraie liberté que
lorsqu'elles se rendront volontairement esclaves de la justice.

D'où fait-on dériver ici la force majeure? principalement

de ce que les compagnies éprouvent des obstacles dans la jouissance de leurs droits. Singulière objection! C'est l'Etat qui a concédé les droits et qui est tenu de les garantir, c'est le contractant qui dispose de toute la puissance publique, qui vient dire aux actionnaires : Remettez-moi vos droits, moi seul suis assez fort pour les exercer. Mais les actionnaires répondent : — Cette puissance que vous avez de jouir par vous-même, vous êtes naturellement obligé, et de plus vous vous êtes solennellement engagé à l'employer pour assurer ma jouissance. Si vous êtes assez puissant pour jouir, comment invoquez-vous une prétendue force majeure qui vous contraindrait à me dépouiller?

L'État, a-t-on dit, protégerait plus efficacement une propriété devenue purement *nationale*, qu'il ne peut protéger des propriétés *particulières*. Mais alors, on tombe directement et immédiatement dans le communisme général. On va plus vite et plus loin que les communistes eux-mêmes, qui, tout en proclamant l'excellence de leur théorie, reconnaissent qu'elle ne pourrait, quant à présent, s'appliquer que particllement, par voie d'essais, et que son application ne pourrait se généraliser que par l'effet d'une transformation lente, régulière et progressive de l'état social.

La gestion des compagnies est, dit-on, désormais *impossible.* — Pourquoi désormais plutôt que par le passé? Pourquoi plutôt en France que dans d'autres pays?

Deux entreprises seulement ont été séquestrées. Il est fâcheux d'avoir à remarquer que ce sont précisément celles où le service a constamment été fait avec le plus de sécurité et de régularité, celles aussi qui étaient dirigées par les hommes à la fois les plus honorables , les plus éclairés et les plus désintéressés.

Elles peuvent invoquer le témoignage public , ou plutôt tout témoignage est inutile pour des faits aussi notoires. Ces entreprises étaient aussi celles où les recettes se développaient dans la plus large progression, et se maintenaient avec le plus de fermeté au milieu des plus graves circonstances.

Ce séquestre partiel et qui pouvait, en tous cas, n'être qu'accidentellement nécessaire , paraît même n'avoir été nullement motivé. Les administrateurs en ont immédiatement et constamment réclamé la levée, en le déclarant à la fois aussi inutile qu'injuste. Ils avaient effectivement réclamé le secours du Gouvernement pour protéger leur gestion ; et cela, on le répète, est parfaitement juste. L'Etat doit garantir à toute propriété, à la plus minime comme à la plus importante, il doit à chacune l'appui de toute la puissance nationale ; mais il doit surabondamment une protection plus vigilante et plus active encore, s'il est possible, aux droits qu'il a constitués et garantis expressément,et tout spécialement, à des propriétés qui dominent si grandement l'intérêt public.

Loin de protéger la propriétés des Chemins de fer, on attaque le principe des concessions. « *Les grandes aliéna-* « *tions du domaine public correspondent, dit-on, à des* « *époques de faiblesse et de corruption.* »

Qu'est-ce à dire ? voudrait-on transformer les spoliés en spoliateurs ? oserait-on sérieusement comparer les concessions de Chemins de fer aux aliénations abusives de domaine pu-

blic qui ont pu avoir lieu à certaines époques de l'histoire ?
voudrait-on faire croire à la nombreuse population, étrangère
aux affaires, que le gouvernement a abandonné gratuitement
à de gros banquiers, à ses courtisans favoris, des terres ap-
partenant à l'Etat, et qu'il ne s'agit que de la restitution
d'une indue possession ?

Mais d'abord il ne s'agit pas ici seulement de quelques
gros capitalistes et de *compagnies financières*, dont les droits
d'ailleurs, pour être importants, n'en sont pas moins sacrés ;
il s'agit principalement d'une nombreuse partie de population française et étrangère ; il s'agit des actionnaires dont la
plupart sont de pauvres travailleurs en tous genres, qui ont
consacré leurs faibles économies à l'œuvre des Chemins de
fer. — Il ne s'agit pas de personnes à qui on a concédé gratuitement un domaine public ; il s'agit, tout au contraire, de
personnes qui, à leurs risques et périls, avec le produit de
leurs sueurs et de leurs veilles, ont elles-mêmes *créé un domaine public* de la plus haute importance pour l'avenir de
la société ; un domaine que l'Etat se déclarait impuissant à
créer par lui-même ou à lui seul, et qui n'eût pas existé sans
leur concours. En retour, on leur a concédé pour quelques
années une jouissance restreinte et d'un produit incertain.
Sans doute les représentants de la nation ne voudront pas
dépouiller ces véritables créateurs d'une grande source de
richesse publique et de civilisation ; ils ne voudront pas surtout les dépouiller sans indemnité ou sans garantie suffisante.

Le ministère croit les sociétés de chemins de fer incompatibles avec un gouvernement républicain. « Il faut, dit l'ex-
« posé, rechercher ce qui, dans l'héritage du passé, *est ou*
« *non compatible* avec le nouveau gouvernement. »

Il ne s'agit pas ici d'institutions, ni même de lois générales ou de règlements : il s'agit de droits particuliers établis et garantis par des conventions. — La doctrine ministérielle met en question, à chaque changement de gouvernement, tous les droits ainsi acquis, et elle attaque directement par cela même le principe du crédit public.

En effet, le crédit repose sur la confiance, la confiance repose sur une triple base. Pour confier ses capitaux à une personne, il faut croire : 1° à sa moralité, c'est-à-dire à sa volonté d'en servir le revenu et d'en assurer la restitution ; 2° à sa solvabilité, c'est-à-dire à la puissance qu'elle aura d'exécuter ses obligations ; mais, 3° enfin (sauf les cas exceptionnels d'engagements purement personnels), il faut que les successeurs de l'obligé soient obligés eux-mêmes sur les biens qu'il leur transmettra. Sans cette importante garantie, la société serait en partie paralysée ; il se formerait peu de conventions, parce que tout serait soumis à l'incertitude de l'existence individuelle. Aussi, cette garantie est tellement naturelle, qu'elle existe sans stipulations : elle est au fond de toutes les lois civiles, parce qu'elle est dans la raison sociale elle-même. — Le principe qu'*on oblige ses successeurs avec soi* est fondamental.

La société étant par sa nature permanente et perpétuelle, les gouvernements qui se succèdent pour sa direction sont donc nécessairement solidaires et s'obligent les uns les autres. Si la jurisprudence romaine, qu'on a nommée la *raison écrite*, a pu dire que les héritiers ne forment avec leur auteur qu'une même personne sociale, ce principe est bien plus évidemment applicable aux divers gouvernements qui se succèdent dans une nation.

En effet, une nation est un être collectif permanent ; la nature de son gouvernement peut changer, la forme sociale se modifier, c'est toujours le même être moral collectif, quoique dirigé par d'autres hommes avec des institutions différentes. Repousser les engagements d'un gouvernement qui a été renversé, ce serait tromper la foi publique, et, par suite, saper les bases du crédit. Où une nation trouverait-elle, même parmi ses membres, et à plus forte raison chez les étrangers, des capitalistes qui voulussent lui confier leurs capitaux, ou, ce qui est la même chose, la doter d'utiles travaux, s'ils pouvaient craindre que le renversement du gouvernement, ou seulement une modification dans sa forme ou dans son personnel, n'opérât l'anéantissement de leurs droits?

On a pu récemment juger les effets de la fausse doctrine que nous combattons. Il est évident que ce qui a le plus fortement contribué à précipiter la chute du crédit public, c'est bien moins l'expectative d'accroissement de la dette que la condition faite aux créances sur les caisses d'épargne, et la menace de dépossession suspendue sur les actions de Chemins de fer; deux sortes de droits qui cependant ont le caractère le plus démocratique.

Qu'on y prenne garde, quand on abandonne les vrais principes, on marche vite dans la voie de l'erreur. Si la République, dans sa forme actuelle, se croyait en droit de répudier les obligations du gouvernement constitutionnel qui l'a précédée et qui en était le précurseur, pourquoi une république nouvelle, avec d'autres formes, ne se croirait-elle pas autorisée à repousser les engagements de sa devancière? Il peut exister une plus grande différence entre tel ou tel gouvernement républicain qu'entre une république et une monarchie constitutionnelle : on n'en est qu'aux essais en fait de république, et Dieu sait quelles variétés de formes elles peuvent revêtir avant d'arriver à leur perfection. — Qu'on se tienne donc bien à ce principe que, tant qu'une nation conserve un gouvernement quel qu'il soit, c'est elle-même qu'il oblige par les traités qu'il passe, et qu'en le renversant elle n'en doit pas moins respecter les traités qui l'obligent.

C'est là le fondement du droit public et du droit des gens. — Attaquer le droit public, c'est ruiner l'autorité et le crédit; attaquer le droit des gens, c'est appeler la guerre.

Si on adopte le principe que les gouverneurs des nations ne sont que leurs préposés, c'est une raison de plus pour qu'elles soient obligées par leur fait.

Comme un particulier ne saurait, en changeant le personnel et l'ordre de sa maison, invoquer l'infidélité de ses précédents agents pour s'exonérer des obligations qu'ils ont prises en son nom, de même une nation ne pourrait repousser les engagements des gouvernements qu'elle a renversés. Si ce principe est vrai, même en cas d'abus dans l'exercice de la souveraineté nationale, à plus forte raison lorsque les engagements ont, comme dans le cas actuel, grandement profité à la nation.

Un gouvernement doit sans doute agir selon sa nature, y adapter ses institutions, ses lois, ses usages, ses mœurs; mais le respect des droits acquis, l'exécution loyale des conventions antérieures, loin d'être incompatibles avec la nature ou la forme d'aucun gouvernement, sont au contraire l'essence et le fondement de toute constitution durable.

Or, les compagnies, *stipulant pour les actionnaires*, ont traité avec la nation française représentée par le Gouvernement qui alors exerçait sa souveraineté; ces actionnaires sont aujourd'hui en présence *de la même personne morale obligée envers eux*. Et la nouvelle délégation que la nation a faite de sa souveraineté à d'autres personnes individuelles

pour l'exercer sous une autre forme ne peut apporter aucun
obstacle ni en droit, ni en fait, à l'exécution des traités.

« Les compagnies, se demande M. le Ministre, peuvent-
« elles survivre à la monarchie?... Si on permet que les
« concessions durent quelques années encore, elles dureront
« toujours. »

La crainte et la défiance qu'on manifeste contre l'association doivent paraître singulières, alors que partout on la
proclame le remède le plus puissant et le seul efficace aux
maux actuels, et l'espoir de l'avenir. — Comment! les actionnaires de Chemins de fer ont donné à l'esprit d'association une nouvelle et forte impulsion, et on trouve urgent,
on proclame de nécessité publique la dissolution de leurs
sociétés, qui cependant ont été tellement fécondes qu'elles
ont exécuté des travaux, créé des richesses que l'Etat lui-
même ne s'était pas cru la puissance de créer !

Associer les capitaux privés aux grands travaux d'utilité
publique, faire sortir les petits capitaux de leur état habituel
d'inertie et de stérilité, les associer entre eux pour leur imprimer l'active et puissante fécondité des grands : tel est le
double problème qu'avaient en partie résolu les sociétés de
Chemins de fer, et on vient dire que leur dissolution est ur-
gente et de nécessité publique, qu'elles sont incompatibles
avec une république qui veut s'appuyer sur l'ordre et la
justice !

On craint *l'influence aristocratique des administrateurs*
disposant du nombreux personnel des sociétés, et en général

l'influence de la richesse mobilière. Mais, encore une fois, c'est refouler l'esprit d'association. Est-ce qu'il peut exister des sociétés sans membres et sans agents? D'ailleurs, dans l'état actuel, les administrateurs des sociétés ne sont-ils pas nommés ou du moins confirmés et changés par les actionnaires? — Les sociétés ne doivent-elles pas être autorisées, leurs statuts vérifiés et homologués par la plus haute autorité publique? Et n'est-il pas d'ailleurs facile, sans toucher aux droits acquis, de modifier législativement et de démocratiser davantage l'action des sociétés, si on le juge nécessaire?

Les grandes richesses mobilières sont moins solides et moins durables que les richesses territoriales ; leur influence est donc moins à craindre. Si elles tendent davantage à s'agglomérer, elles se dissipent aussi et se divisent plus facilement, et enfin elles circulent plus activement, et font par là même un service social plus étendu. C'est la circulation de la richesse mobilière qui donne principalement l'impulsion aux trois branches du travail matériel : l'agriculture, l'industrie, le commerce.

L'exposé constate que « la propriété mobilière est de-
« venue au moins l'égale de la propriété foncière, que c'est
« elle qui a créé le commerce de la France , et qui a servi à
« relever, quoique dans des proportions tout-à-fait insuffi-
« santes, la condition du peuple. »

Cela est vrai et d'une haute importance. La propriété mobilière a déjà pris chez nous un grand développement; elle doit devenir la partie la plus importante de la richesse publique. Son expansion est la tendance de notre époque et l'espoir de l'avenir. — C'est par elle que peut se développer

le bien-être général ; mais elle est par sa nature plus crain-
tive, précisément parce qu'elle est plus exposée. Il lui faut,
pour se produire au grand jour et circuler activement, une
liberté plus étendue et une protection plus assurée encore
qu'à la propriété foncière. Déposséder les actionnaires des
Chemins de fer, c'est donc réagir contre deux puissants éléments de progrès social, l'esprit d'association et le développement de la propriété mobilière.

Que veut-on dire par le *privilége des sociétés ?* En ont-elles
d'autres que celui d'exercer les droits particuliers qu'on leur
a concédés ? Mais si c'est là un privilége, il faut donc abolir
tous les droits particuliers, et entrer dans le communisme.
Les droits unis en société ont plus de puissance que s'ils res-
taient isolés. Mais, loin que ce fait constitué un privilége, il
est dans la nature même des choses; et s'élever contre, c'est
tendre à supprimer toute association. — Est-ce le caractère
ou le nom aristocratique de quelques chefs actuels des sociétés qu'on craint pour la République? — Mais ce serait une
crainte puérile, et ce serait poser une question de personnes,
au lieu d'une question de principes. Ces chefs sont soumis à
l'élection des actionnaires; ils sont, comme tous les membres
et les agents, soumis à toutes les lois civiles et criminelles.
— Donc point de privilége.

La création d'un grand nombre d'actions, a-t-on dit, alimente l'*agiotage.*
On abuse des meilleures choses.
L'agiotage est un fait fâcheux et reprochable sans doute,
mais c'est au gouvernement à prendre les mesures néces-

saires pour le prévenir et le réprimer ; les actionnaires ne gênent pas son action. Parce que le jeu sur les valeurs mobilières, notamment sur les rentes créées par l'État, est plus facile que sur les immeubles, est-ce une raison pour supprimer le crédit public et toutes les valeurs mobilières? — On spécule sur les choses les plus nécessaires à la vie, sur le blé, le vin, l'huile, etc. Faut-il donc les détruire? Parce que la vie a des inconvénients, faut-il la remplacer par la mort! Agrandir et protéger l'action des choses utiles, en corriger les inconvénients, vaincre les obstacles qu'elle rencontre, c'est là mission de tout gouvernement. — D'ailleurs, l'agiotage s'est exercé principalement avant le classement des actions, le mal est diminué de beaucoup et tend à disparaître : supprimer une chose après en avoir subi les plus grands inconvénients, c'est mal prendre son temps. Les actionnaires sérieux sont d'ailleurs seuls en cause, et non les spéculateurs, avec lesquels on affecterait à tort de les confondre.

Laisser créer des actions, c'est, dit-on, prêter à des particuliers le crédit de l'État, et lui faire une concurrence dangereuse.

N'est-ce pas ici, au contraire, l'État qui a craint d'user son crédit en empruntant les milliards nécessaires à l'exécution des Chemins de fer?—N'est-ce pas le crédit particulier qui est venu au secours du crédit public craintif, et, par là même, impuissant. Le crédit public a généralement progressé en même temps que le cours des actions ; et, depuis la Révolution, c'est, on le répète, la menace faite aux valeurs particulières qui a précipité le crédit public.

En créant des titres qui représentent des valeurs effectives, une richesse réelle dans le pays, c'est par cela même accroître le crédit public, puisque la nation est riche de tous les biens que possèdent les particuliers. — C'est donc une grave erreur de croire que l'abondance des choses utiles dont les titres se négocient puisse diminuer le crédit de l'Etat. Ce qui l'altérerait serait l'émission de papiers qui ne représenteraient que des valeurs fictives et illusoires. — Quant aux actions de Chemins de fer, elles représentent des choses qui non-seulement ont par elles-mêmes une valeur réelle, mais une valeur qui doit concourir au développement de la richesse dans toutes les branches du travail ; et dès lors, par leur nature, elles étaient destinées à accroître le crédit de l'État en même temps que sa richesse et sa puissance.

L'exposé dit que les « Chemins de fer détournent des capitaux de l'agriculture et du commerce. »

Nous ne voyons pas comment l'expropriation les y portera davantage. — Et d'abord ce qui est dépensé est un fait accompli. Et quant aux dépenses à faire, qu'elles soient soldées par l'État ou par les particuliers, ce sera toujours un capital consacré au même emploi. Lors même que l'État eût fait et exploité les chemins de fer, quand il le ferait à l'avenir, il n'avait pas et il n'aura pas de trésors en réserve pour pourvoir aux dépenses. Où aurait-il pu et où pourra-t-il prendre les capitaux sinon en les demandant aux particuliers à titre d'impôt ou à titre d'emprunt ? Que les chemins de fer soient faits et exploités par l'État ou par des sociétés particulières, les capitaux viendront toujours en définitive des particuliers, et, dans un cas comme dans l'autre, il est clair qu'ils ne peuvent être simultanément appliqués à des travaux différents. Le gouvernement annonce l'intention de continuer les travaux ; c'est même parce qu'il se croit plus que les sociétés en mesure de le faire qu'il veut les exproprier. Il croit donc l'emploi utile. Et, en effet, ces importantes voies de communications, loin d'enlever des capitaux à l'agriculture, doivent, au contraire, en porter jusque dans les contrées désertes et incultes qu'ils féconderont. D'un autre côté, pour l'exploitation comme pour la construction, que de bras inoccupés y trouvent un salaire abondant! que de choses y trouvent un utile emploi, un débouché qui leur manquait!

« Des rentes, dit l'exposé, remplaceront des actions dé-
« monétisées. »

Les actions sont en partie démonétisées, il est vrai, mais c'est par la crainte d'une expropriation arbitraire et d'une protection trop faible. Qu'une puissance publique ferme et stable rende à ces droits importants la sécurité qui leur est due, ils reprendront leur valeur réelle, et les sommes énormes dont la France est appauvrie par l'affaiblissement de l'autorité et par la menace d'une injustice lui seront rendués par un acte de justice et de fermeté.

Mais l'État, dit-on, ne sera pas maître des tarifs et de la circulation : en cas de guerre ou de disette, par exemple, les sociétés ayant le monopole des transports pourront en abuser, et, « si on permet que les concessions durent quelques
« années encore, elles dureront toujours. »

D'une part, on doit naturellement présumer que les sociétés, conduites par des hommes intelligents, feront con-

courir leurs intérêts avec l'intérêt et l'ordre publics ; d'autre
part, il serait singulier de supprimer des sociétés particulières dont on n'a maintenant qu'à se louer, sous le prétexte
qu'elles pourraient plus tard abuser de leur position et de
leur puissance contre la chose publique ; de leur enlever un
droit passager, sous le prétexte qu'elles pourraient se perpé-
tuer dans leur jouissance. De pareilles craintes, qu'on nous
permette de le dire, ne sont pas dignes d'une grande nation,
d'un gouvernement qui a le sentiment de la force sociale
confiée à sa direction. Si des abus compromettant, comme
on le prévoit, le salut public, pouvaient avoir jamais lieu, ce
serait alors le cas d'urgence et de nécessité qu'on invoque à
tort aujourd'hui, et le gouvernement devrait compter que
toutes les voix qui s'élèvent pour défendre des droits injustement menacés seraient les premières à faire abnégation com-
plète de leurs intérêts particuliers, à frapper ces abus de
leur énergique et unanime réprobation, et à presser l'État
de prendre toutes les mesures devenues nécessaires.

La gestion des sociétés n'est-elle pas, d'ailleurs, constamment soumise aux règlements, à la surveillance et à la
répression de l'autorité législative, administrative et judi-
ciaire?

Maintenant, en démontrant que le gouvernement ne peut
invoquer ni le *droit*, ni la *nécessité*, pour exproprier les actionnaires, en réclamant pour l'exécution des traités une
juste priorité sur l'intérêt public ordinaire, d'ailleurs douteux, et en disant que des craintes ou des préventions non
fondées ne sauraient raisonnablement contraindre l'État à
agir contre la justice, avons-nous entendu engager les so-

ciétés à repousser les propositions de cession amiable qui
pourraient leur être faites à des conditions acceptables? Nullement..

Il est naturel et conforme au droit que ce qui a été fait
par des traités soit modifié ou détruit par d'autres traités.
Beaucoup de sociétés, peut-être, y sont dès à présent dispo-
sées, et les autres s'y disposeraient d'autant mieux qu'au
lieu de les contraindre injustement, on les maintiendrait ou
les rétablirait intégralement dans leurs droits, et qu'on en
protégerait l'exercice avec plus de fermeté. On comprendrait
d'ailleurs un appel au dévouement patriotique des actionnaires, mais on ne saurait tolérer la violation de leurs droits.

§ III.

*Si l'État pourrait s'emparer des Chemins de fer par voie
d'expropriation, ou s'il acquérait à l'amiable les droits
qu'il a concédés, quelles seraient les justes bases de la fixation du prix ou de l'indemnité.*

> « En payant les Chemins de fer au-
> « dessous de leur valeur, l'État commet-
> « trait une injustice; cela est évident. »
> (*Exposé des motifs.*)

En dépossédant les actionnaires contrairement aux principes du droit, en s'emparant actuellement de la chose qu'ils
sont fondés à conserver pendant un certain nombre d'années,
on violerait la justice sans doute ; mais on peut dire, sauf
quelques restrictions, que cette violation des principes n'ap-

pauvrirait pas le expropriés, s'ils recevaient effectivement l'exact équivalent de la valeur qui leur serait enlevée.

Si, dans les cas ordinaires, lorsque le droit d'expropriation est certain et incontestable, la nation ne doit cependant l'exercer qu'en donnant aux droits privés une actuelle et juste indemnité ; si les lois donnent en général aux intéressés toute garantie d'impartialité et de lumières pour l'estimation, la justice devrait être ici d'autant plus sévère et plus exacte que le droit de l'État serait douteux ou n'existerait pas.

Asseoir l'estimation sur de justes bases est donc la chose la plus importante ; mais c'est aussi la plus difficile. M. le Ministre cherche à appliquer une base unique, *s'il se peut* à toutes les lignes. Cette base uniforme rendrait l'opération plus facile sans doute, mais elle pourrait violer l'équité, et, en admettant que l'Etat payât tout ce qu'il doit pour l'ensemble, il prendrait alors aux uns pour gratifier les autres. Si la charité porte à *donner* à chacun selon ses *besoins*, la justice exige qu'on *rende* à chacun selon son *droit*. L'égalité absolue c'est l'iniquité ; l'égalité relative est dans la nature des êtres et des choses.

Non-seulement la justice ne permet pas de confondre toutes les lignes dans une même condition, mais il est impossible d'établir des catégories. Toutes diffèrent plus ou moins entre elles par rapport tant à leur position financière et à l'état de leurs travaux qu'aux produits nets qu'elles peuvent légitimement et raisonnablement espérer dans un avenir plus ou moins prochain ou éloigné. Par la nature des choses, il n'y a pas deux entreprises qui puissent avec justice être également traitées.

Il est certaines lignes déjà exploitées ou prêtes à l'être en tout ou partie, qui ne peuvent espérer que dans un avenir fort éloigné un produit net quelconque, tandis que d'autres

ont l'espoir légitime d'obtenir en peu d'années des dividendes élevés.

Plusieurs sont ou peuvent craindre d'être placées dans
l'impossibilité soit de verser au trésor public ce qu'elles lui
doivent, soit de continuer leurs travaux, tandis que d'autres
sont en mesure de satisfaire à tous leurs engagements.

Les unes sont grevées d'emprunts plus ou moins considéra-
bles; d'autres sont dans la nécessité actuelle ou prochaine d'en
contracter, ce qui peut être fort difficile, sinon impossible,
quant à présent, et ce qui n'aurait lieu qu'à des taux plus
ou moins onéreux, tandis que d'autres n'ont pas de créanciers et n'ont pas d'emprunts à faire, ou n'auraient à y recou-
rir que pour de légères sommes et dans un temps éloigné.

Le *capital employé* ou *la valeur des choses acquises et
des travaux exécutés* par les sociétés peuvent être une juste
base à l'égard de celles qui seraient dans l'impossibilité de
continuer des travaux commencés, et qui seraient en demeure de le faire. Mais il n'en serait pas de même à l'égard
des entreprises en exploitation, ou de celles qui sont en mesure de remplir leurs engagements.

M. le Ministre croit avoir trouvé dans les *cours de la
Bourse* l'élément unique d'évaluation de toutes les lignes;
la moyenne des cours cotés, le taux des transactions librement débattu et consenti entre les vendeurs et les acheteurs
pendant un certain temps, lui paraît être le cours normal et
représenter la valeur réelle des actions.

Mais d'abord, pourquoi précisément le cours des six mois
qui ont précédé la Révolution? pourquoi ne pas remonter

jusqu'à la création des actions? Dirait-on qu'on a pu se former en 1844 des espérances illusoires sur les produits des Chemins de fer, et qu'en conséquence, des cours exagérés on été cotés? On répond que ces voies importantes ne sont encore qu'à l'état d'essais, et sont loin d'avoir donné le dernier mot des services qu'elles sont appelées à rendre, et, par conséquent, des revenus qu'elles peuvent produire. On n'oublie pas que les actionnaires ont le droit de jouir au moins pendant quinze ans, et que la question *d'anticipation* de ces quinze ans est ici toute l'affaire, quoique M. le Ministre la considère comme insignifiante.

Est-il certain, d'ailleurs, que le cours de toutes les actions ait jamais été exagéré? Celles du chemin d'Orléans ont été cotées au plus haut à 1,400 environ, et elles étaient encore à près de 1,200 la veille de la Révolution. Malgré la crise qui a pesé si lourdement sur les deux années précédentes, les dividendes se sont élevés pour 1846 à 64 fr. 25 c., et pour 1847, à 62 fr. 70 c. par actions. Or, pour une valeur qu'on devait croire aussi bien garantie, pour un chemin dont le produit doit grandement s'accroître encore, le cours de 1,400 n'avait rien d'exorbitant.

D'ailleurs, en admettant l'objection comme sérieuse, en supposant que l'esprit de spéculation, que l'agiotage même ait exagéré la valeur des actions en 1844, ne peut-on pas dire aussi qu'en 1847 on s'est fait des craintes chimériques; que, comme dans tout mouvement réactionnaire, le découragement a été d'autant plus profond que l'ardeur avait été plus vive?

Prendre les cours des six mois précédents, ce serait faire supporter à ceux qui sont restés actionnaires, 1° les mêmes pertes supportées par ceux qui ont été contraints de vendre soit par leur détresse résultant de la crise commerciale et industrielle, soit par des spéculations exagérées ; 2° une perte équivalente aux sacrifices qu'ils ont pu faire pour conserver leurs actions ; ce serait faire supporter aux actionnaires sérieux la perte que se sont attirée les spéculateurs imprudents. Et si on ajoute à cette double perte la contrainte de recevoir en paiement, pour son taux nominal, une valeur grandement dépréciée, on peut dire que l'indemnité serait non-seulement insuffisante, mais aussi inique que dérisoire.

Pourquoi (alors qu'on se propose de donner des rentes en paiement) prendre les cours, précisément à une époque où les actions industrielles étaient dépréciées dans une plus forte proportion que la rente ? différence qui s'explique par ce fait que les actions n'étaient pas classées, ou parce qu'elles l'é- taient moins ou plus mal que la rente, ou parce qu'étant en majeure partie dans les mains du commerce et de l'industrie, une crise intense et prolongée avait dû en précipiter la chute, en exagérer la dépréciation apparente.

S'il y avait lieu de transformer en rentes sur l'État la va- leur des actions, et si les cours de la Bourse devaient servir de base à cette transformation, l'équité exigerait évidemment qu'on prît *le taux moyen, tant de la rente que des actions, à partir de l'homologation des statuts de chaque société* jusqu'à la Révolution seulement ; car les cours postérieurs s'étant produits sous l'influence de la crainte d'une dépos- session arbitraire, ne pourraient entrer équitablement dans les éléments du calcul.

Du reste cette base, facile à appliquer en fait, il est vrai, ne nous paraît pas fondée en principe.

Sans doute, le prix courant du marché public peut paraître équitable pour le propriétaire qui veut *vendre* ou qui peut y être immédiatement contraint, mais il ne l'est pas à l'égard de celui qui veut et peut *conserver*, et qui a droit d'estimer la valeur progressive de sa chose.

La valeur actuelle, équitable pour une chose qui se perd ou se détériore en la conservant, et qui, par sa nature, est destinée à une consommation immédiate ou prochaine, ne l'est pas quant aux choses qui sont destinées à un long usage, et qui, loin de se détériorer, ont au contraire une valeur progressive. Dans ces cas, la *valeur future* doit servir en partie de base à la fixation de la *valeur actuelle*.

Ces principes sont applicables au cas d'expropriation aussi bien qu'au cas de cession amiable. Il est certain que pour des denrées ou marchandises qui se détériorent promptement, on ne doit que leur valeur actuelle ou prochaine, tandis que pour les choses qui, non-seulement ne se perdent pas, mais au contraire s'accroissent par la conservation et l'usage, la valeur future est l'élément le plus essentiel de la fixation du prix.

Quant aux entreprises en exploitation, on a parlé de prendre pour base les produits nets déjà réalisés. — A ce sujet, M. le Ministre a élevé des doutes sur la réalité des produits; il s'est étonné de voir simultanément *distribuer des dividendes* et *contracter des emprunts*, ce qui lui paraît *contradictoire*. Il n'y a là aucune contradiction. — Tous les jours des propriétaires, des industriels, des commerçants, empruntent de nouveaux capitaux pour agrandir ou améliorer leur exploitation, leur commerce ou leurs terres; il n'en résulte nullement que le capital précédemment em-

ployé fût improductif; on n'améliore même en général que
ce qui est déjà reconnu bon. Séparer le revenu du capital,
donner au capital déjà employé le revenu qu'il produit, et
emprunter un nouveau capital destiné à produire un nouveau
revenu ou à accroître le précédent, sont donc des faits qui
doivent fréquemment se produire simultanément, et leur
distinction n'est que la conséquence nécessaire d'une bonne
administration et d'une comptabilité régulière. L'auteur de
cet écrit, complétement étranger aux administrations de
toutes les sociétés, ne fait d'ailleurs ici qu'une observation
de principe, sans vouloir rien préjuger sur des faits particuliers de comptabilité qu'il ignore.

Les revenus réalisés jusqu'ici ne sont pas, en tout cas,
la juste base qu'on doit chercher.

En effet, les contrats de concession stipulent qu'en cas de
rachat, on prendra pour base le produit moyen depuis la
huitième jusqu'à la quinzième année d'exploitation, en dé-
duisant les deux années les plus faibles. Cette clause a toujours été considérée comme avantageuse à l'Etat, et, par
conséquent, éventuellement onéreuse aux actionnaires, parce
qu'on a toujours pensé que les produits nets s'accroîtraient
encore, même au-delà de la quinzième année, par la double
cause de l'augmentation du trafic et de l'économie sur les dépenses.

Cette considération avait même fait stipuler, pour les premières concessions, qu'en cas de rachat, on *ajouterait un
tiers* au revenu réalisé, pour former le montant des annuités
à payer à la compagnie. Quant aux autres concessions, le
Goûvernement profita de l'ardeur des particuliers pour ces
entreprises, et il supprima cette dernière clause, tout en
accroissant les charges des compagnies sur beaucoup de
points.

L'équité ne permet pas de prendre pour base les produits actuels, puisque nous sommes dans une situation évidemment anormale, accidentelle, passagère, aussi bien pour l'exploitation des Chemins de fer que pour toute autre industrie.

Les produits nets précédents, même ceux de la dernière année, seraient aussi une évaluation insuffisante, de même que les seules probabilités *actuelles* d'accroissement.

On doit prendre pour base, d'une part, non-seulement un état de choses *stable* et *régulier*, mais un état *progressif* qui est le caractère social en même temps que le besoin le plus impérieux de l'époque. — D'autre part, on ne doit pas prendre les recettes actuelles ou passées, mais les *recettes présumées de la huitième à la quinzième année*, CONFORMÉMENT AUX STIPULATIONS DES CONVENTIONS ; présomptions qui doivent s'établir, on le répète, non sur l'état actuel, mais sur un état *régulier et progressif*, et ce n'est certes pas la République française qui pourrait douter du progrès.

Lorsque les actionnaires, pour construire les Chemins de fer, ont livré leur capitaux qui, pour la plupart, sont le produit de leurs sueurs et de leurs veilles, ils ont accepté toutes les difficultés et les lenteurs de l'entreprise, les mauvaises gestions, les mécomptes dans les dépenses de construction et d'exploitation, l'incertitude sur les produits ; mais, à l'encontre, ils ont dû compter sur le prodigieux mouvement social auquel l'Europe se préparait. Il serait injuste de leur enlever sans indemnité cette valeur réelle, quoique éventuelle et indéterminée, après leur avoir laissé subir toutes les mauvaises chances.

Dans un état social progressif comme le nôtre, ne pas accroître son revenu, c'est déchoir; alors que l'état général s'améliore, ne pas améliorer sa position particulière, c'est en abaisser le niveau. Le mouvement social que peut stimuler la forme républicaine bien dirigée doit accroître encore le développement de la richesse générale. Sous cette forme perfectionnée, la terre développera sa fécondité, et ce résultat augmentant les forces et les facultés de l'homme, la science, l'industrie et le travail feront à leur tour de nouveaux progrès, nouvelle cause d'accroissement des produits. L'abondance deviendra une nouvelle source d'abondance... pourvu toutefois que l'activité humaine soit mue par une justice plus parfaite. Dans un tel état de choses, remplacer le revenu naturellement progressif des Chemins de fer par un revenu fixe comme la rente, que, de plus, on menace *d'imposer*[1], ce serait éprouver une perte grave, qui s'accroîtrait d'année en année.

Pour appliquer les principes que je viens d'indiquer, pour exécuter autant que possible, et dans un esprit de justice, les traités de concession, il faut évaluer ce que, dans un ordre social régulier et progressif, pourront être les produits nets,

---

1 Imposer les rentes sur l'État est, pour le dire en passant, le plus mauvais mode d'impôt : l'État imposant la valeur qu'il négocie, doit naturellement en obtenir un prix moindre. D'un autre côté, laisser la terre sous le coup d'un impôt illimité, peut être chose fâcheuse sans doute, mais cela est conséquent avec l'idée que le revenu est également illimité, tandis que le principe de l'impôt appliqué à un revenu fixe et invariable comme la rente, expose le rentier à voir diminuer indéfiniment son revenu, alors que dans un état progressif tous les revenus peuvent augmenter : c'est donc détériorer gravement le crédit public. Et, en général, imposer les créances, c'est accroître le taux de l'intérêt; c'est donc tarir les emprunts qui peuvent alimenter le travail.

en premier lieu, à compter de la cession jusqu'à la huitième année d'exploitation, et en second lieu, depuis cette huitième année jusqu'à la quinzième, en tenant compte du prodigieux mouvement social qui doit s'opérer pendant ces deux périodes.

Prenons pour exemple les compagnies d'Orléans et du Centre. La première ayant commencé son exploitation en 1843, il faut supputer d'abord les produits nets qu'elle peut obtenir d'ici à 1851, ensuite depuis 1851 jusqu'à 1858. Pour la première période, fixer purement et simplement le résultat annuel présumé. Pour la seconde période, faire masse des sept années ; déduire le produit présumé des deux plus faibles, prendre le cinquième du reste ; en conséquence, fixer pour prix de la cession : 1° Pour le temps à courir jusqu'à 1851, des annuités égales aux produits annuels présumés ; 2° Pour le surplus de la durée de la concession, des annuités formées du cinquième dont il vient d'être parlé, augmenté d'un tiers.

En supposant que la Compagnie du Centre doive commencer son exploitation totale en 1851, il faudrait estimer d'abord les produits nets jusqu'en 1859 ; puis de 1859 à 1866, et procéder, du reste, comme il vient d'être dit, sans ajouter le tiers, mais en tenant compte, d'ailleurs, des circonstances qui peuvent être particulières à cette société, et, par exemple, de ce que ses produits, s'estimant à une époque plus avancée, doivent naturellement être évalués sur une plus large base, et aussi de ce qu'en ouvrant sur deux points des communications avec les contrées du centre et du midi, renfermant tant de richesses minérales qui attendent l'intelligence, le capital et le travail, cette double ligne peut être susceptible d'une plus grande progression dans le mouvement des personnes et des choses ; en tenant compte, en un mot, de la diversité de position pour chaque société, soit actuellement, soit pour l'avenir.

Après l'estimation des revenus, il faudra estimer la valeur matérielle d'exploitation que l'État est tenu de rembourser, soit à la fin des concessions, soit en cas de rachat. A cet égard, M. le ministre dit qu'il existe des stipulations différentes dans les diverses concessions; c'est ce que nous n'examinons pas, ne traitant que la question générale. Mais ce qui est évident, c'est que si l'État est obligé à payer le matériel *à la fin des concessions*, il doit, en cas de rachat, en ajouter la valeur à l'estimation des années de jouissance qu'il rachète, sauf les exceptions *expresses* qui ont pu être apportées à ce principe d'équité. En effet, s'il laisse jouir les sociétés jusqu'à la fin, elles toucheront *tous les revenus*, et *de plus*, elles recevront de l'État *la valeur du matériel*. Donc s'il rachète, ces deux objets distincts doivent, tous les deux, contribuer à former le prix de la cession.

Puis enfin, il est un accessoire qui devrait aussi former un élément du prix. D'après les statuts sociaux approuvés par le conseil d'État, les actions sont amorties par voie de tirage au sort.

Un tirage annuel détermine successivement les actions à rembourser. Les actionnaires appelés les premiers à recevoir le remboursement de leur capital, restant néanmoins associés, doivent recevoir gratuitement les dividendes pendant toute la durée de la concession, sous la seule déduction de 15 francs d'intérêt annuel, afférent au capital amorti. — Ainsi, sur chaque action devant donner 80 fr. par exemple,

l'actionnaire remboursé continuerait à recevoir gratuitement
un revenu de 6.5 francs jusqu'à la fin de la concession. C'est
là une chance qui a une valeur indéterminée, il est vrai,
pour chaque action, une valeur qui sera plus ou moins forte,
selon les produits nets de chaque entreprise et selon l'année
dans laquelle chaque action sera appelée au remboursement;
mais enfin c'est une valeur réelle, c'est une valeur qui a
déterminé en partie à acquérir et à conserver les actions,
qui, par conséquent, a fait réellement partie du prix d'a-
chat et des sacrifices faits pour conserver. Il est donc juste
qu'en en dépossédant les actionnaires, on leur en donne l'é-
quivalent. Chacun renoncerait à la chance d'avoir plus, et
se contenterait du sort commun; mais que du moins, le
prix général soit accru des chances particulières enlevées à
chaque associé.

Nous avons parlé du paiement par annuités calculées sur
les évaluations de produits; mais il est clair, d'ailleurs, qu'on
pourrait traiter à forfait moyennant un prix fixe payable aux
termes et de la manière qui seraient convenus. En tous cas,
le mode et la base d'estimation seraient utilement applicables, quels que fussent la nature et le mode de paiement du
prix. On ne peut apprécier la valeur capitale sans d'abord
estimer les produits annuels.

Sans doute, on n'obtiendrait pas une exactitude mathéma-
matique impossible dans cette exécution anticipée et par là
même imparfaite des traités, mais on partirait d'un point de
vue exact, et on obtiendrait toute la justice possible dans les
circonstances. Les actionnaires subiraient la condition onéreuse qui leur a été faite par les traités; ils perdraient toute
l'expectative, je dirais même la certitude d'accroissement

de produits qu'ils attendaient, pour eux ou leurs successeurs, après la quinzième année d'exploitation, jusqu'à la fin de la concession ; ce qui n'était pour eux qu'un abandon éventuel deviendrait certain ; ce qui devait n'avoir lieu que dans l'avenir se ferait actuellement. En outre, ils accepteraient la possibilité d'erreurs préjudiciables, dans les évaluations à faire jusqu'à la quinzième année d'exploitation, l'appréciation de l'inconnu; et ils perdraient individuellement l'expectative du remboursement par la voie du sort; mais du moins, en subissant tous ces désavantages, ils auraient agi librement, on aurait respecté les conventions; on aurait cherché la justice, elle serait dans les volontés sinon dans les résultats. Au lieu d'imposer à ceux qui ont employé le produit de leur labeur à des travaux du plus haut intérêt, à des travaux qui font la gloire de l'époque, et en partie l'espoir de l'avenir ; au lieu de faire subir aux actionnaires des chemins de fer, qui ont déjà tant et si longtemps souffert de la crise, de nouvelles pertes, des sacrifices arbitraires, plus grands que ceux qui pèsent sur les autres citoyens, de les faire peser même sur les étrangers ; au lieu de décourager l'esprit d'association que les actionnaires ont si heureusement contribué à propager, esprit qui est tout le fondement d'une amélioration sociale qu'on chercherait vainement dans des idées inapplicables à notre époque; au lieu de refouler le capital mobilier, qui, en se développant, tend à faciliter et féconder le travail, et à porter ainsi l'aisance jusqu'aux membres les plus infimes du corps social ; une cession sur les bases indiquées paraîtrait concilier, autant que possible, la justice avec tous les intérêts; on ferait ainsi renaître en partie le crédit public avec la confiance des particuliers ; au lieu de les opposer l'un à l'autre, on mettrait en harmonie l'intérêt privé avec l'intérêt général, l'intérêt actuel avec celui de l'avenir.

Quant au pouvoir des Compagnies pour traiter avec le Gouvernement, ce serait un point de forme à examiner ; mais on croit, dès à présent, pouvoir dire que le mandat donné par la majorité de l'assemblée générale, après toute publicité donnée au projet, obligerait les actionnaires non présents ou dissidents, selon les principes de la gestion d'affaires. Ce serait en effet alors une question de bonne foi. Il serait évident que les administrateurs des compagnies auraient fait ce qu'il y avait de mieux ou de moins mal à faire dans les circonstances ; et, dès-lors, la résistance des dissidents, qui auraient pour but, en s'isolant des autres, d'obtenir un sort meilleur, pourrait être assimilée au dol civil, et le dol fait exception à toutes les règles du droit. En constituant l'association sur une voie large, il est impossible d'admettre que la résistance du plus minime intérêt pût imprimer au capital social un caractère mainmortable. Il faut que les sociétés puissent céder leurs droits sans être arrêtées par les exigences ou par les caprices de quelques associés.

* * *

§ IV.

Du paiement et de la garantie du prix.

Qui paie ses dettes s'enrichit.
(Proverbe.)

Ce n'est, certes, pas nous qui supposerons que la noble et puissante nation française pût désormais pratiquer la faillite. Admissible pour l'être individuel et passager, la faillite ne peut l'être pour les nations qui sont des êtres perpétuels. La République pacifique et laborieuse de 1848 ne saurait, d'ail-

leurs, jamais imiter le caractère violent et guerrier de sa
devancière. Assise sur une moralité plus parfaite, dont l'ordre
et la justice sont la base, elle fécondera son sol au lieu de
ravager celui des autres peuples; elle développera sa richesse au lieu d'employer la force de ses travailleurs à la
détruire et à en détruire la cause en se détruisant eux-mêmes.
Un peuple aussi riche par son sol peut, avec la moralité et
l'ordre, vivre dans l'abondance, quelque nombreux qu'il
soit, tandis que l'iniquité et le désordre feraient languir
dans la misère la population la plus restreinte.

Qui paie ses dettes s'enrichit, dit-on. Cela est vrai, en
général, et doit l'être surtout pour les nations. C'est par le
crédit qu'elles peuvent développer leur richesse, et le crédit
ne s'obtient que par la loyauté et l'exactitude. Par le crédit,
on dispose des capitaux d'autrui; on exploite leur puissance.
Or, on obtient d'autant plus de capitaux qu'on exécute mieux
ses engagements. Ne pas payer ses dettes, c'est donc tendre
à s'appauvrir. Dans la plus haute portée philosophique de
l'expression, *payer ses dettes*, c'est *faire tout ce qu'on doit*;
c'est être juste. Or, la sagesse divine nous l'a dit : *la justice
est la vraie source de l'abondance.*

La France ne faillira jamais sans doute à ses engagements;
mais il est dans la nature des choses qu'elle puisse se trouver
passagèrement dans la nécessité de suspendre le service des
intérêts de sa dette. Les chemins de fer peuvent paraître à
beaucoup d'actionnaires d'un revenu plus assuré que la rente,
quoique incertain et variable. Les mêmes événements qui
pourraient obérer le Trésor public n'empêcheraient pas, en
général, les hommes de se mouvoir et de mouvoir les choses,
et, par-là même, les chemins de fer de produire un revenu
quelconque.

Toutefois, on comprend, d'une part, que dans la position financière actuelle, l'État ne puisse payer immédiatement en numéraire le prix fixe qui serait arbitré ; et, d'autre part, il pourrait paraître contraire à la dignité nationale que les sociétés qui céderont leurs droits exigeassent des garanties extraordinaires.

Mais, soit que l'État paye une somme fixe à un terme déterminé, soit qu'il règle le prix en annuités jusqu'à l'expiration des concessions, ou en rente perpétuelle, il est une garantie naturelle, qui sort de la nature même des choses, et qui est indivisiblement liée à l'exécution des conventions ; c'est le *privilége des actionnaires sur les revenus nets des chemins*. Nous ne parlons pas ici des formes dans lesquelles ce privilége serait exercé ; mais nous en posons le principe, comme un des éléments essentiels du respect des traités.

Il est d'ailleurs superflu de dire qu'il ne s'agit pas ici de priviléges *personnels* justement proscrits dans les sociétés modernes, mais d'un privilége qui, comme tous ceux attachés à la nature ou à l'origine des *créances*, n'est autre chose que la *préférence légitime* due à certains *droits* sur d'autres.

Nous ne saurions mieux nous résumer qu'en rappelant les trois vérités élémentaires exprimées au frontispice de cet écrit :

Les conventions sont le libre accord des volontés ; les violer, c'est attenter à-la-fois à la liberté de l'homme et à l'ordre social.

La propriété est le produit du travail qui crée et de

l'ordre qui conserve ; attaquer la propriété, c'est attaquer le travail et troubler l'ordre.

Le crédit public naît de la confiance des particuliers ; attaquer cette confiance, c'est attaquer le crédit ;

Et nous ajoutons.: Attaquer le crédit, c'est tarir dans leur source la richesse et le bien-être.

Quant aux actionnaires, après avoir produit leurs observations, ils ne sauraient mieux faire que de s'en rapporter à une assemblée qui est la libre expression de la volonté et de la loyauté nationales.

La France comprendra toujours que ce n'est ni en violant ni en combattant la justice, mais, au contraire, en s'inclinant devant elle, qu'on obtient ces trois choses qui se lient et se produisent l'une l'autre : le crédit, la puissance et la gloire.

Tous les hommes de cœur et d'intelligence méditent aujourd'hui sur les moyens d'améliorer l'état social. Mais, quelles que puissent être les institutions nouvelles destinées à résoudre ce grave problème, cette amélioration, pour être certaine, solide et durable, doit s'appuyer sur la vérité, l'ordre et la justice.

FIN.

BIBLIOTHÈQUE NATIONALE
R. F.
IMPRIMÉS.

www.ingramcontent.com/pod-product-compliance
Lightning Source LLC
LaVergne TN
LVHW050649060726
842527LV00004B/1554